7

☺ 5 ☹ 12

8

☺ 3 ☹ 4

9

☺ 1 ☹ 7

10

☺ 3 ☹ 5

11

☺ 7 ☹ 2

12

☺ 6 ☹ 3

In welchem Wort erklingt ein a?

In diesem Heft findest du zu jedem Thema 12 Aufgaben, die du lösen sollst.
Mit dem mini LÜK®-Kontrollgerät kannst du nun selbst prüfen, ob du diese Aufgaben richtig gelöst hast.

So wird es gemacht:

1. Öffne das mini LÜK®-Kontrollgerät und lege die Plättchen in den unbedruckten Deckel! Jetzt kannst du auf den Plättchen und auf dem Geräteboden die Zahlen 1 bis 12 sehen.

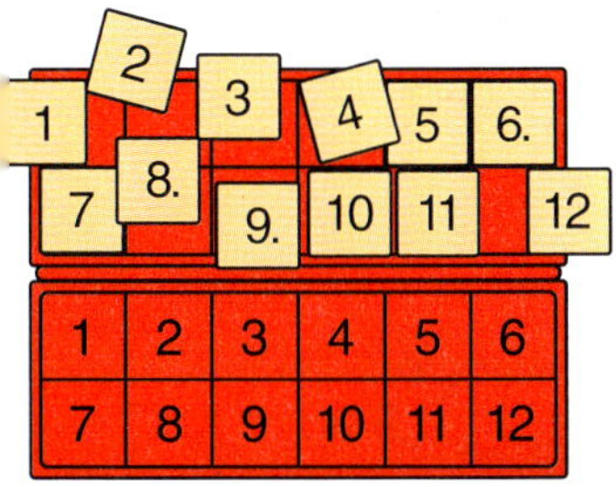

2. Schlag nun Seite 2 im Heft auf! Hier siehst du 12 Bilder; bei jedem Bild steht eine rote Zahl von 1 bis 12.
Diese **roten Zahlen** entsprechen den **Zahlen auf den Plättchen.**

3. Nimm das Plättchen 1 und sieh dir das erste Bild im Heft an: Es ist ein Anker.

4. Im Heft findest du bei jedem Bild rechts unten ein lustiges und ein trauriges Männchen. Das lustige Männchen bedeutet „ja", das traurige bedeutet „nein". Auf jedem Männchen steht eine schwarze Zahl.
Diese **schwarzen Zahlen** entsprechen den **Zahlen auf dem Boden des Gerätes.**

5. Beim ersten Bild sollst du nun prüfen, ob das Wort „Anker" mit einem „A" beginnt. (Richtige Anwort: „Ja.") Es gilt also das Ja-Männchen mit der Zahl 11. Du legst deshalb das Plättchen 1 auf das Feld **11** des Gerätebodens und zwar mit der Zahl nach oben.

6. So arbeitest du weiter, bis alle 12 Plättchen im Geräteboden liegen.

7. Wenn du fertig bist, schließe das Gerät und drehe es um! Öffne es dann von der Rückseite! Nun siehst du, dass die Plättchen ein Muster ergeben.

8. Auf der Seite 3 im Heft siehst du rechts oben ein **Muster.** Wenn dieses Muster mit jenem auf den Plättchen übereinstimmt, hast du alle 12 Aufgaben richtig gelöst.

9. Passen einige Plättchen nicht in das Muster, dann hast du dort Fehler gemacht. Drehe diese Plättchen dort, wo sie liegen, um, schließe das Gerät, drehe es wieder um und öffne es! Jetzt kannst du sehen, welche Aufgaben du falsch gelöst hast.

10. Nimm diese Plättchen heraus und suche die richtigen Ergebnisse! Kontrolliere dann noch einmal! Stimmt jetzt das Muster?

Das System ist für alle Übungen dasselbe: Die roten Aufgabennummern im Heft entsprechen immer den mini LÜK-Plättchen aus dem Kontrollgerät. Die Zahlen hinter den Lösungen sagen dir, auf welche Felder des Kontrollgerätes die Plättchen gelegt werden müssen.

Und nun viel Spaß!

Dieses Papier wurde
aus chlorfrei gebleichtem
Zellstoff hergestellt

Aa

Beginnt das Wort mit **A**?

Ja ☺ oder nein ☹?

1

☺ 11 ☹ 1

2

☺ 12 ☹ 10

3

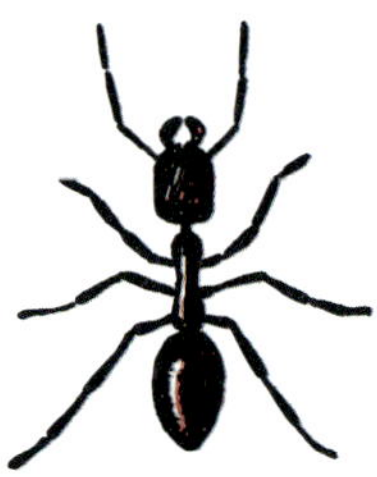

☺ 8 ☹ 4

4

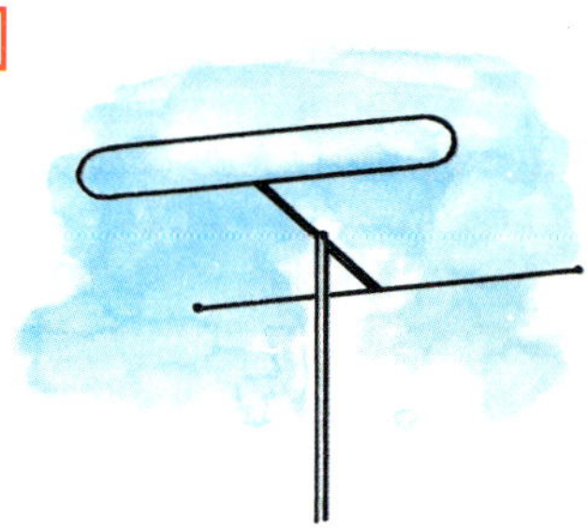

☺ 6 ☹ 9

5

☺ 5 ☹ 2

6

☺ 9 ☹ 7

7

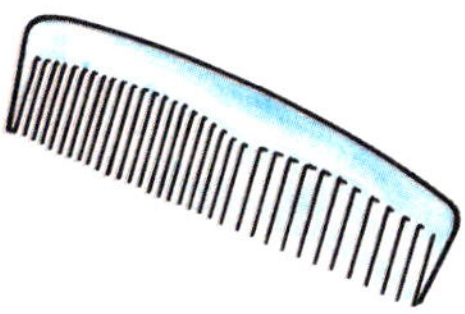

10

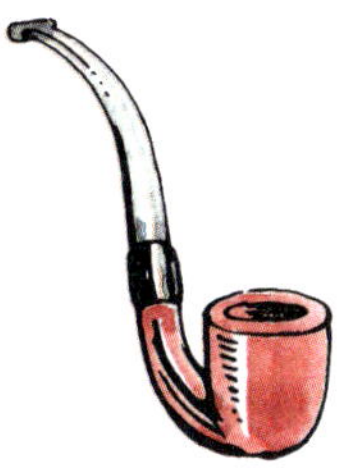

9

8

12

2

9

11

6

10

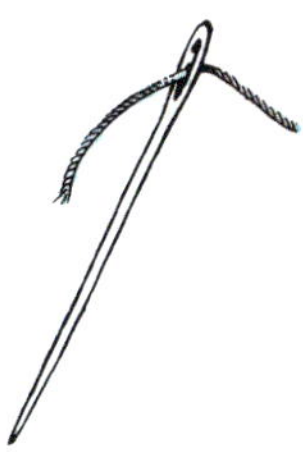

9

1

11

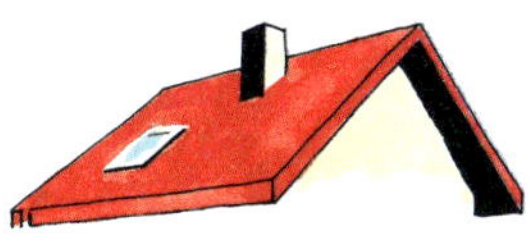

12

8

12

3

7

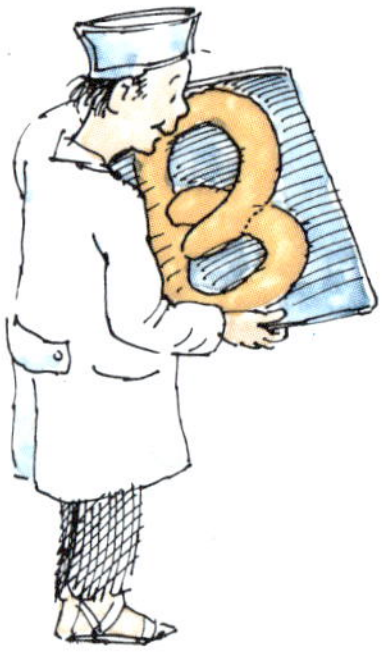

Bb

Fängt das Wort mit **B** an?

Ja ☺ oder nein ☹?

B am Anfang oder b mittendrin?

Hör genau hin!

1		B 6	. . . b . . . 3
2		B 4	. . . b . . . 9
3		B 1	. . . b . . . 8
4		B 2	. . . b . . . 5
5	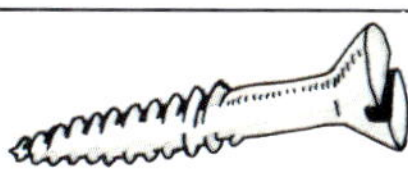	B 12	. . . b . . . 7
6	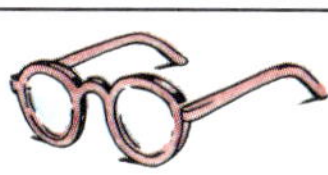	B 10	. . . b . . . 4
7		B 12	. . . b . . . 11
8		B 3	. . . b . . . 8
9	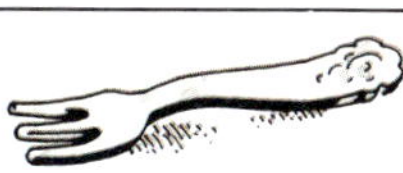	B 7	. . . b . . . 2
10		B 12	. . . b . . . 1
11		B 8	. . . b . . . 10
12		B 5	. . . b . . . 4

Cc

Suche in jeder Reihe das C oder c!

1	C		D	G	C	J	O
			2	1	6	4	11
2	C		P	C	Q	U	Y
			5	8	3	9	12
3	C		B	J	O	G	C
			11	12	7	2	10
4	C		Q	S	L	C	D
			6	2	9	11	5
5	C		D	R	C	P	U
			3	7	4	1	8
6	C		C	G	J	B	O
			1	10	12	6	9

7	c 	d	o	p	c	g
		9	4	11	5	3
8	c 	q	s	u	h	c
		7	3	8	10	2
9	c 	d	c	b	g	o
		10	9	1	7	4
10	c 	c	d	p	q	u
		12	5	2	8	6
11	c 	b	a	d	c	o
		4	6	10	3	1
12	c 	g	o	a	q	c
		8	11	5	2	7

Dd

Ist am Ende des Wortes ein **d**?

Ja ☺ oder nein ☹?

1

☺ 9 ☹ 11

2

☺ 6 ☹ 5

3

☺ 2 ☹ 4

4

☺ 10 ☹ 6

5

☺ 7 ☹ 8

6

☺ 1 ☹ 6

7

☺ 4 ☹ 7

8

☺ 3 ☹ 11

9

☺ 12 ☹ 1

10	11	12
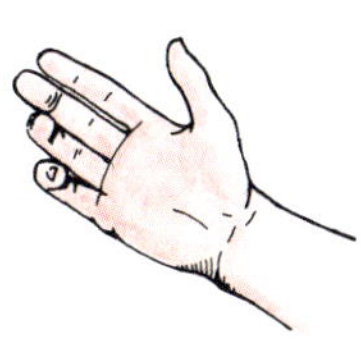		
3 8	2 7	12 5

Finde das **D** oder **d**!

D

- B 7
- D 12
- [1] C 4
- G 5
- P 1

- O 10
- R 11
- [2] F 9
- S 6
- D 3

- O 12
- V 2
- [5] P 10
- D 1
- F 8

- D 7
- F 1
- [3] U 5
- V 12
- B 2

- P 3
- D 4
- [6] C 6
- B 7
- V 5

- C 4
- U 3
- [4] D 11
- G 6
- S 9

d

- a 11
- o 1
- [7] p 8
- y 3
- d 5

- c 6
- g 7
- [8] d 9
- h 4
- k 10

- d 8
- f 2
- [9] t 9
- y 1
- g 11

- h 5
- a 8
- [10] d 6
- c 3
- o 7

- t 9
- k 10
- [11] f 12
- p 4
- d 2

- y 8
- c 12
- [12] a 11
- d 10
- k 2

In welchem Wort steckt das **d**?

1	Wind	12
	Haus	3
2	Nest	2
	Hund	10
3	Mama	4
	Wald	7
7	leider	11
	morgen	8
8	grün	3
	wund	4
9	klug	1
	rund	2

4	Räder	5
	Wasser	11
5	Kinder	1
	Kerze	9
6	Auto	6
	Kleider	9
10	oder	6
	warm	5
11	leise	7
	anders	8
12	sind	3
	neun	10

Ee

Fängt das Wort mit E an?

Ja ☺ oder nein ☹?

8

1

9

10

4

5

2

11

3

12

7

6

Wo ist das Ei oder ei?

1

9

2

2

6

8

3

1

11

4

10

3

5

5

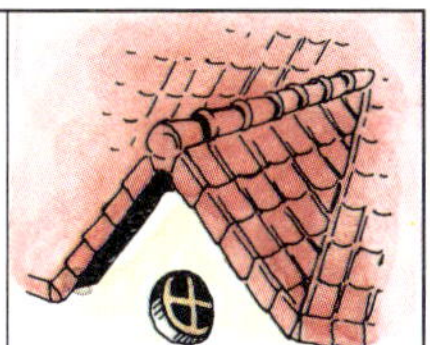

12

6

3

7

7

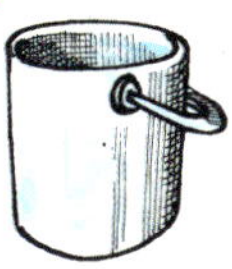

4

1

8

6

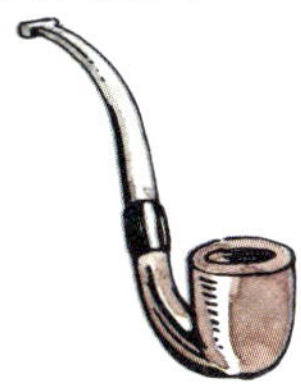

2

9

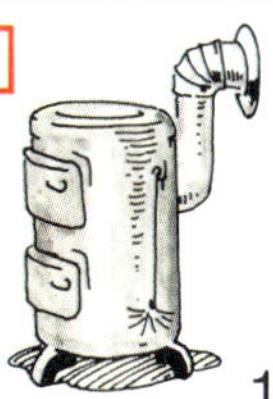

11

12

10

3

7

11

4

6

12

1

5

Ff

Beginnt das Wort mit F?

Ja ☺ oder nein ☹?

1  ☺ 12 ☹ 3	5  ☺ 1 ☹ 10	9  ☺ 8 ☹ 2
2  ☺ 1 ☹ 4	6  ☺ 2 ☹ 3	10  ☺ 4 ☹ 6
3  ☺ 7 ☹ 5	7  ☺ 11 ☹ 6	11  ☺ 8 ☹ 9
4  ☺ 11 ☹ 5	8 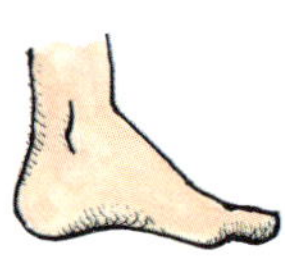 ☺ 10 ☹ 8	12  ☺ 7 ☹ 9

In welchem Wort siehst du ein f?

Gg

Ist ein G am Wortanfang?

Ja ☺ oder nein ☹?

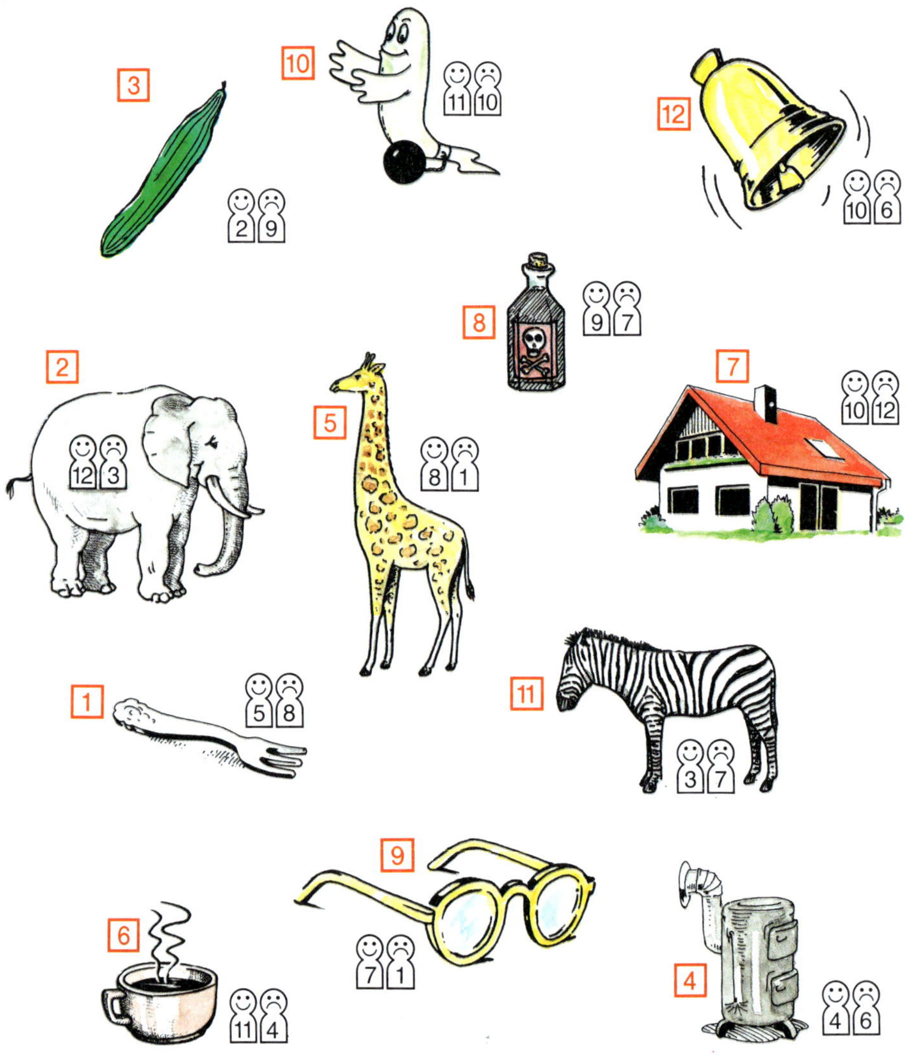

Das G — verschieden geschrieben

Wo ist der gleiche Buchstabe?

1	G	G 2	G 8	G 9	G 1	G 5
2	G	G 10	G 4	G 11	G 12	G 3
3	G	G 9	G 3	G 1	G 11	G 6
4	G	G 7	G 12	G 8	G 5	G 4
5	G	G 12	G 9	G 2	G 6	G 7
6	G	G 6	G 10	G 5	G 3	G 11

7	g	g 1	g 2	g 4	g 7	g 8
8	g	g 3	g 5	g 6	g 10	g 2
9	g	g 4	g 11	g 3	g 9	g 1
10	g	g 8	g 1	g 7	g 10	g 4
11	g	g 5	g 6	g 12	g 2	g 10
12	g	g 11	g 7	g 10	g 4	g 9

Hh

Welches Wort beginnt mit **H**?

1

11 8

2

10 7

3
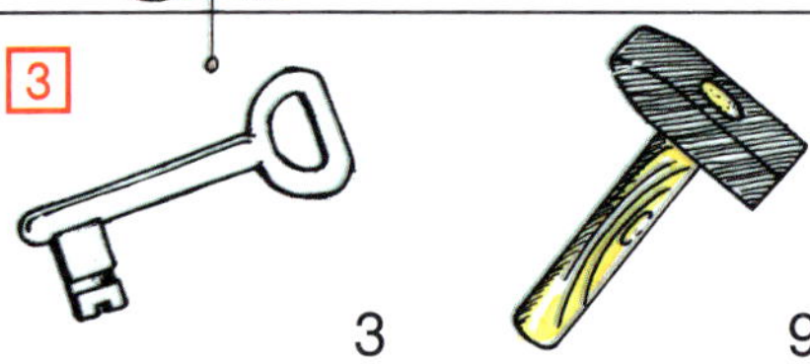
3 9

4
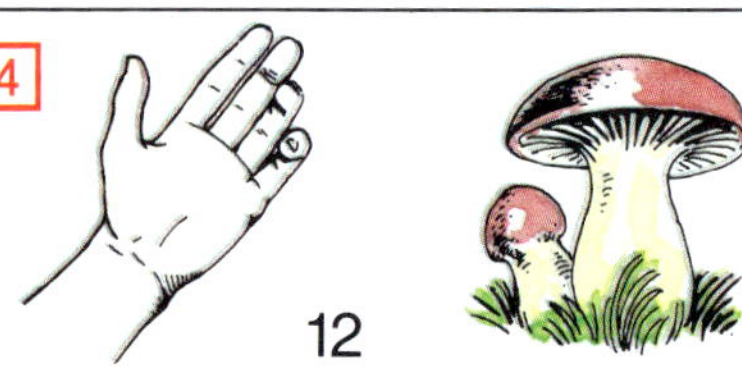
12 1

5

6 3

6

8 5

7

1 6

8

2 1

9
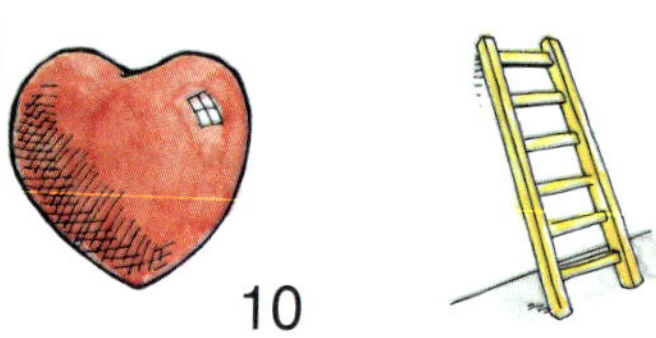
10 2

10
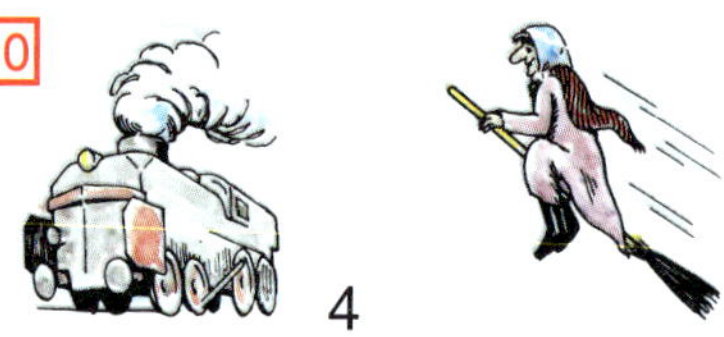
4 5

11
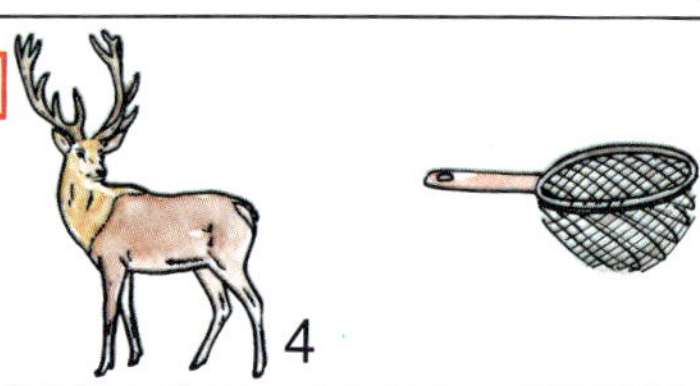
4 9

12

2 11

Buchstabenfolgen

Finde die gleiche!

1 H h h	H h h 3	h H H 9	H h H 4
2 h H h	h h H 12	h H h 11	H H h 5
3 h h H	H H h 10	h H H 6	h h H 8
4 H h H	h H h 5	H h h 1	H h H 4
5 H H h	H H h 2	h h H 3	H h h 7
6 h H H	H h h 7	H H H 11	h H H 12

7 H h H	h h H 1	H h H 10	H h h 9
8 h H H	h H H 5	h h h 6	H h h 3
9 H H h	h h H 2	h H h 12	H H h 7
10 h h h	H h h 11	h h h 9	h h H 8
11 H H H	H H h 4	H H H 1	H h H 10
12 h H h	h H h 6	H h H 7	h h H 2

I i

Hörst du in dem Wort ein i?

Ja ☺ oder nein ☹?

1

☺ 7 ☹ 2

2

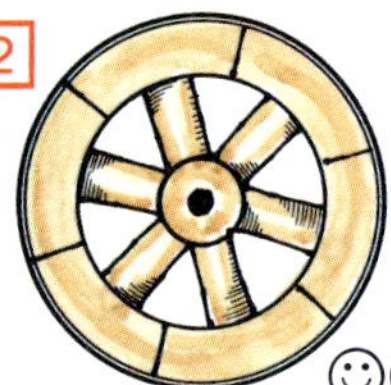

☺ 9 ☹ 10

3

☺ 12 ☹ 8

4

☺ 2 ☹ 5

5

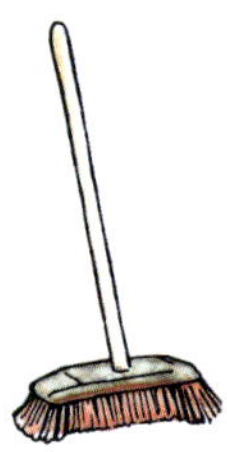

☺ 4 ☹ 6

6

☺ 1 ☹ 9

7

☺ 8 ☹ 11

8

☺ 3 ☹ 4

9

☺ 5 ☹ 3

10

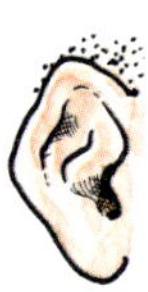

☺ 11 ☹ 1

11

☺ 11 ☹ 12

12

☺ 6 ☹ 3

Suche den Zwillingsbruder!

1 mi	mi	2
	wi	7
	li	3

2 ri	bi	10
	ri	6
	si	5

3 li	yi	9
	ni	8
	li	4

4 bi	ai	11
	bi	1
	ci	12

5 fi	ei	8
	gi	9
	fi	10

6 hi	hi	5
	pi	4
	ri	9

7 ki	si	3
	ui	11
	ki	7

8 pi	pi	12
	vi	9
	zi	10

9 wi	hi	5
	wi	3
	fi	2

10 xi	ki	6
	li	4
	xi	8

11 di	ci	12
	di	9
	wi	7

12 ui	ui	11
	bi	8
	li	1

Jj

Der wievielte Buchstabe ist ein J oder j?

Zähle von oben nach unten!

1	2	3	4	5	6
A	J	Z	O	Y	K
D	N	D	R	D	J
K	T	F	J	A	P
J	U	C	T	H	R
F	O	G	P	E	M
B	W	J	V	B	Z
H	Y	H	X	F	U
L	P	E	M	Z	N
M	S	L	W	H	O
C	Y	B	S	G	S
E	R	A	U	C	L
G	V	K	N	J	T

7	8	9	10	11	12
a	o	z	q	x	k
e	t	g	n	d	p
h	r	d	c	a	n
k	u	h	s	e	r
c	x	j	v	c	l
f	p	m	o	f	o
m	j	a	u	y	s
d	v	b	w	g	j
j	y	e	p	b	t
n	w	f	j	z	v
g	q	k	t	j	m
b	s	c	r	h	z

Kk

Suche das Wort mit K am Anfang!

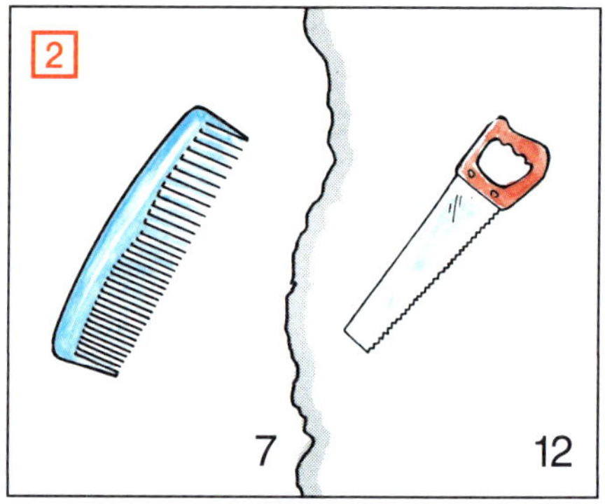

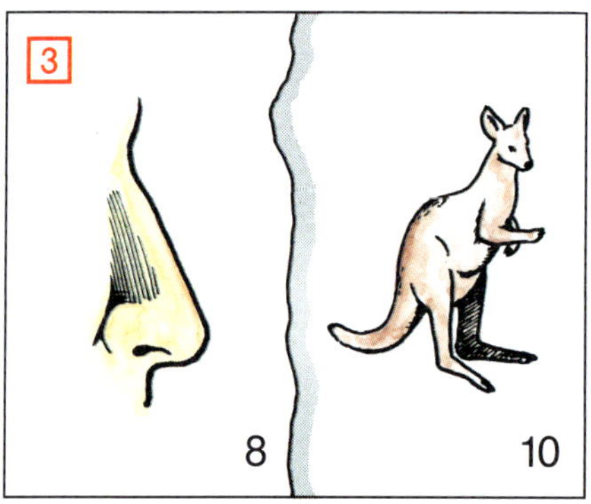

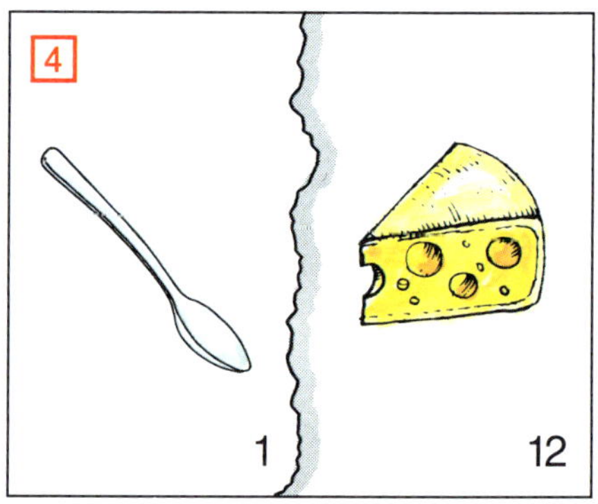

7
9
6

8
2
1

9
9
2

10
3
5

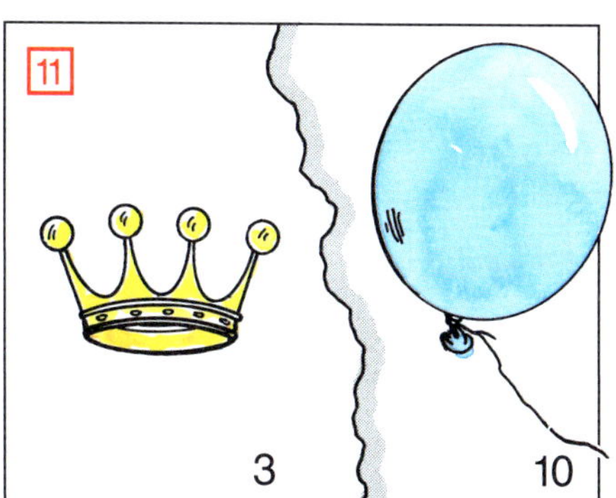
11
3
10

12
2
7

Welches Wort beginnt mit K ?

1	Kamel	3
	Bahn	6
	Ruder	4

2	Käse	1
	Reise	7
	Hexe	8

3	Kaffee	6
	Else	10
	Roller	2

4	Horst	11
	Keller	4
	Blatt	5

5	Birne	3
	Erde	9
	Kaiser	12

6	Haus	1
	Kind	8
	Esel	11

7	Hose	7
	Eltern	12
	Kirsche	10

8	Ernte	5
	Koffer	7
	Bohne	10

9	Kohle	11
	Rolf	2
	Xaver	6

10	Reiter	8
	Ente	1
	Kuchen	9

11	Käfer	5
	Balken	12
	Haufen	3

12	Brille	9
	Kleid	2
	Radio	7

Wo steht das **k** ganz oben?

1

k	c	f
a	k	e
1 i	6 l	3 k

2

w	a	k
k	c	z
9 e	2 k	11 x

3

u	k	w
k	z	y
12 x	10 v	5 k

4

o	t	k
k	s	p
11 r	12 k	8 w

5

k	m	g
p	f	k
4 i	7 k	10 n

6

z	c	k
k	g	i
3 l	9 k	6 f

7

k	o	r
n	k	v
2 s	1 u	7 k

8

n	k	l
k	p	g
4 o	5 m	3 k

9

c	f	k
m	k	i
10 k	11 i	9 e

10

v	k	a
c	z	k
2 k	7 d	6 e

11

t	k	v
k	y	s
8 r	3 u	4 k

12

k	n	r
s	k	t
12 o	5 u	1 k

L l

Fängt das Wort mit L an?

Ja ☺ oder nein ☹?

Welches Wortbild endet mit l ?

1		5		3		10
2		11	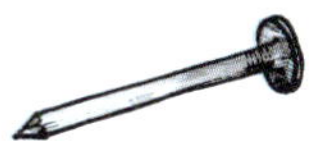	8		1
3		11		12		6
4		2		9		4
5		10		12		5
6		7	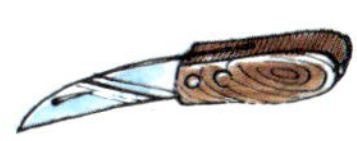	1		8
7		6	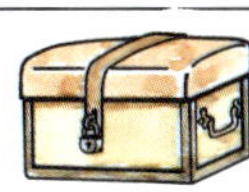	9		3
8		4		2	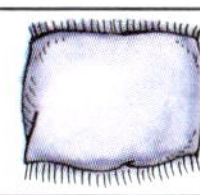	7
9		8		12		11
10		4		9	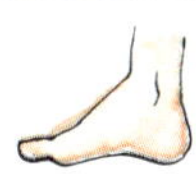	5
11		3		10		6
12		1	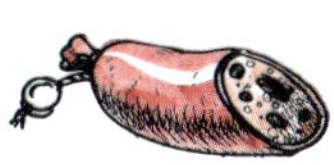	7		2

In welchem Wort ist ein l?

1	Wal 10	Hose 4	Ameise 11	Daumen 2
2	Bogen 9	Clown 1	Eimer 12	Fisch 5
3	Maus 11	Moni 4	Esel 6	Haus 7
4	Rose 3	Kamm 2	Arm 8	Olga 9
5	Nase 1	Hals 12	Pause 10	Mama 11
6	Fliege 2	Bein 5	Dose 7	Reise 4
7	grün 6	schwarz 8	viel 3	rosa 9
8	immer 2	also 7	kauen 1	pressen 10
9	sauer 8	eisern 9	jaulen 5	wiegen 6
10	malen 4	mauern 12	sauer 3	hauen 1
11	nein 12	unser 6	arm 9	leise 11
12	raus 7	grau 5	dein 3	weil 8

Mm

Fängt das Wort mit M an?

Ja ☺ oder nein ☹?

1

☺ 4 ☹ 7

2

☺ 5 ☹ 8

3

☺ 12 ☹ 2

4

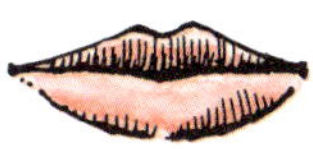

☺ 3 ☹ 9

5

☺ 6 ☹ 8

6

☺ 11 ☹ 12

7

☺ 9 ☹ 10

8

☺ 5 ☹ 11

9

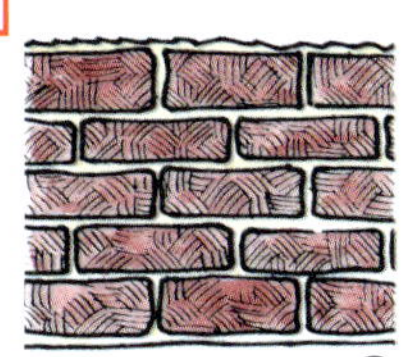

☺ 7 ☹ 6

10

☺ 1 ☹ 10

11

☺ 2 ☹ 1

12

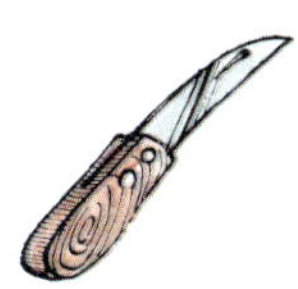

☺ 6 ☹ 3

Suche das jeweils größte M oder m!

1	M	8
	M	4
	M	3
2	M	1
	M	11
	M	7
3	M	2
	M	5
	M	6
4	M	3
	M	10
	M	11
5	M	7
	M	12
	M	1
6	M	8
	M	6
	M	2

7	m	10
	m	3
	m	9
8	m	9
	m	7
	m	8
9	m	5
	m	1
	m	12
10	m	12
	m	9
	m	10
11	m	11
	m	2
	m	5
12	m	6
	m	8
	m	4

Nn

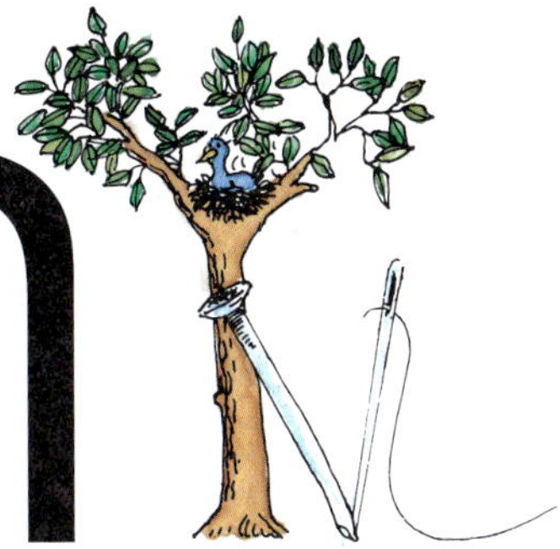

Beginnt das Wort mit N?

Ja ☺ oder nein ☹?

1  ☺ 12 ☹ 2	2  ☺ 6 ☹ 10	3 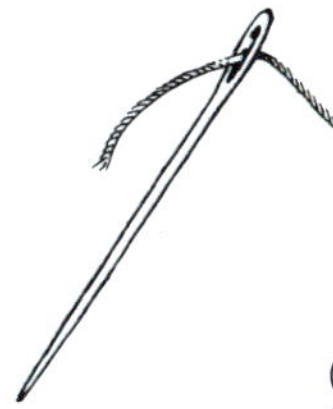 ☺ 7 ☹ 11
4  ☺ 9 ☹ 5	5  ☺ 1 ☹ 4	6  ☺ 3 ☹ 9
7  ☺ 5 ☹ 11	8 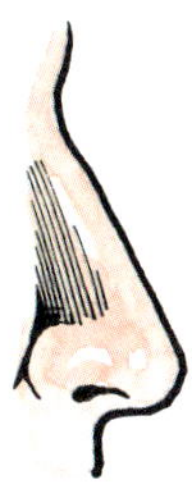 ☺ 4 ☹ 1	9 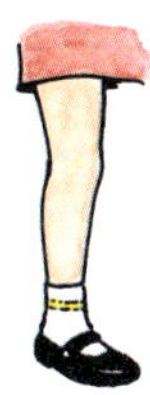 ☺ 8 ☹ 2
10  ☺ 6 ☹ 3	11  ☺ 8 ☹ 10	12  ☺ 7 ☹ 3

Steht in dem Netz ein **n**?

Ja ☺ oder nein ☹?

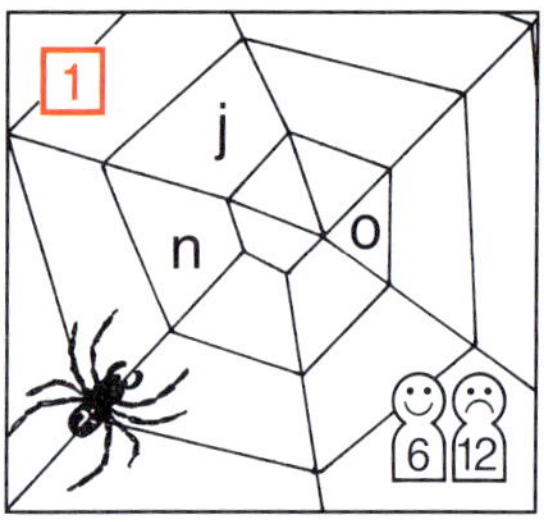

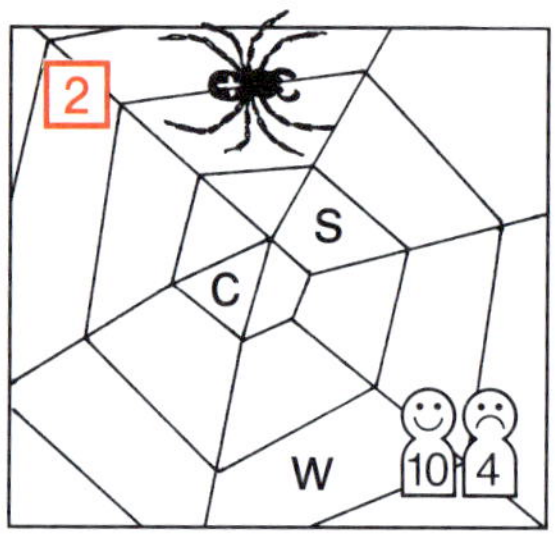

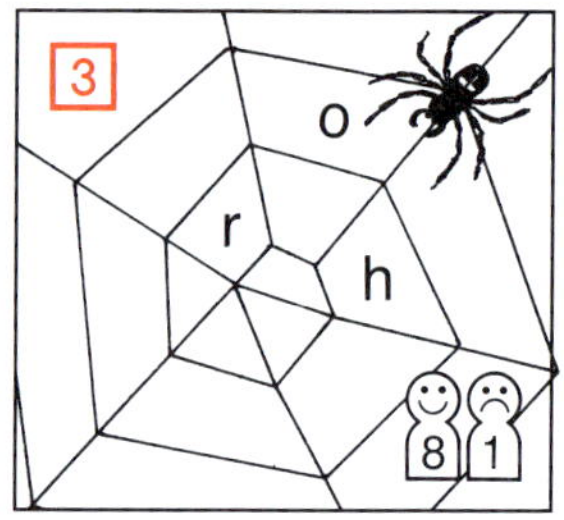

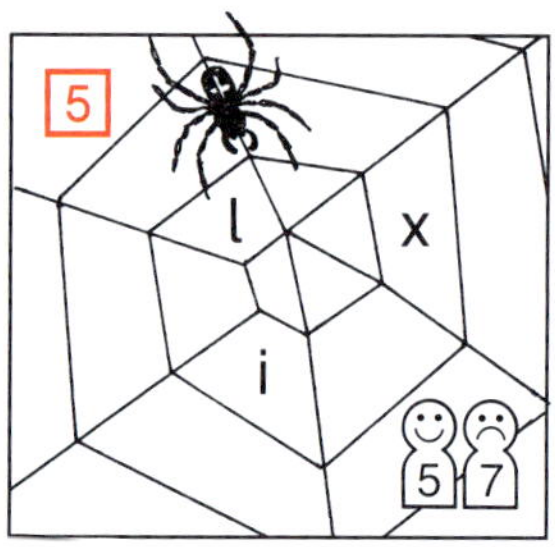

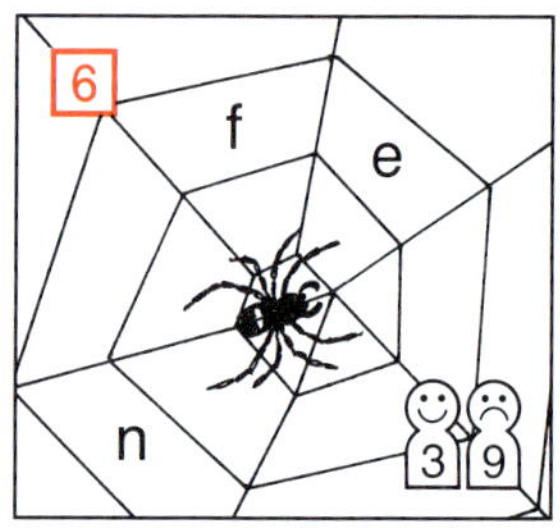

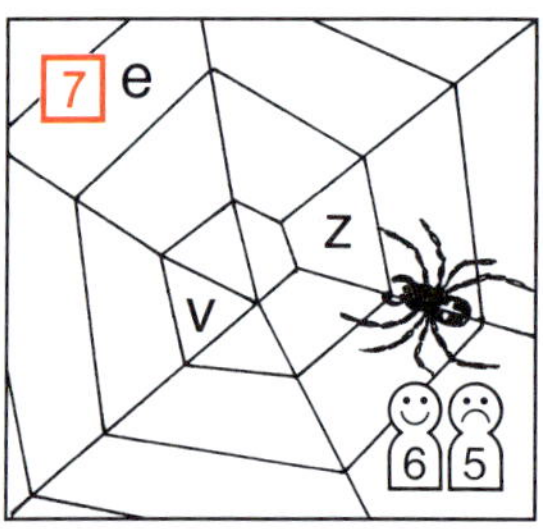

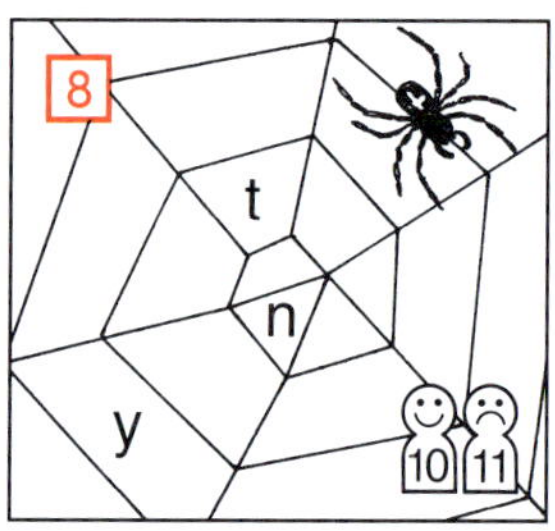

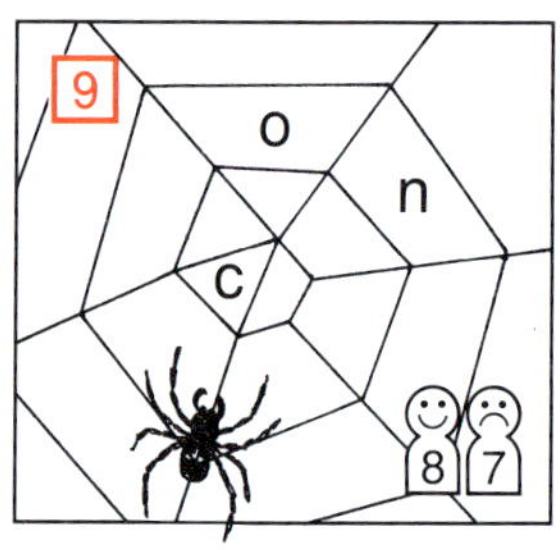

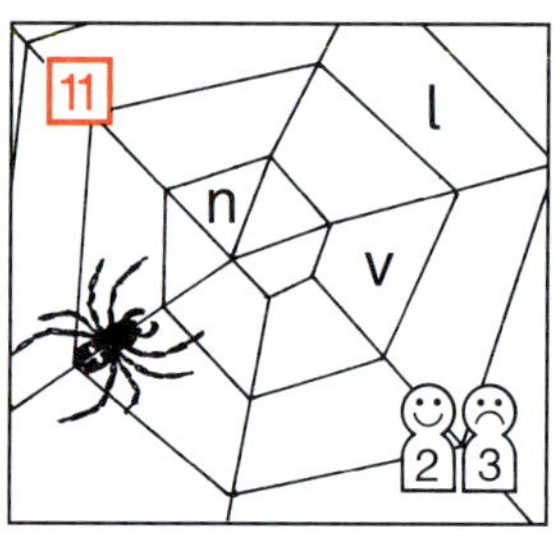

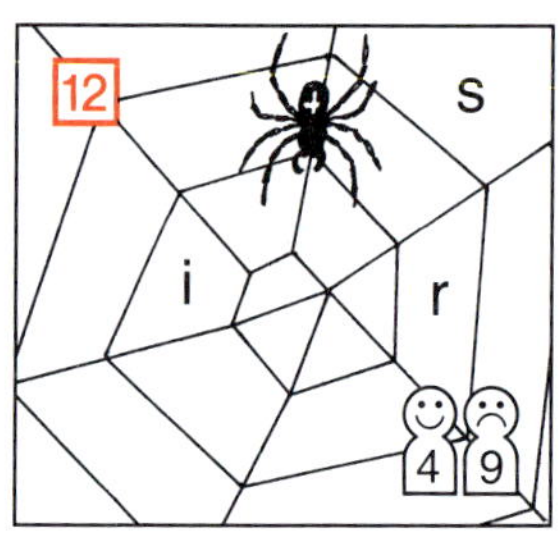

O o

Hörst du in dem Wort ein O ?

Ja ☺ oder nein ☹?

6

☺ 9 ☹ 5

2

☺ 6 ☹ 9

4

☺ 1 ☹ 8

12

☺ 5 ☹ 11

11

☺ 9 ☹ 2

3

☺ 12 ☹ 4

☺ 3 ☹ 2

1

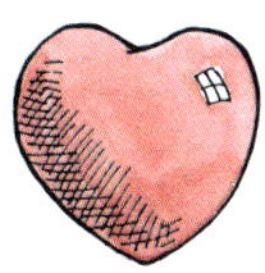

5

☺ 10 ☹ 7

7

☺ 7 ☹ 1

8

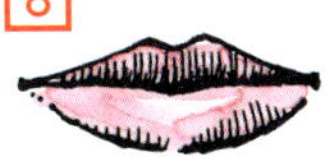

☺ 4 ☹ 12

10

☺ 8 ☹ 11

9

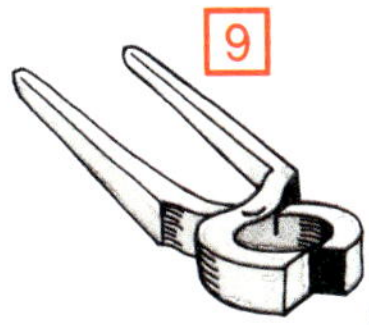

☺ 10 ☹ 3

Gesucht: Die Sprechblase mit einem O!

7

12
A M J
O V S
4

8

I L T
F O H
3
6

9

K W O
2
G E N
7

10

9
Y E L
Z O X
3

11

G
A
V
1
S O Y
8

12

J O F
11
10
K H X

In welchem Wort hörst du ein O ?

Wähle aus drei Möglichkeiten!

1	 1	 3	 2
2	 9	 11	 4
3	 7	 6	 12
4	 11	 10	 8
5	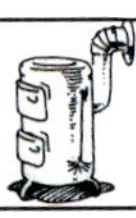 12	 1	 5
6	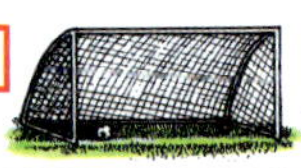 3	 4	 9
7	 6	 2	 7
8	 8	 5	 10
9	 4	 12	 11
10	 10	 7	 3
11	 5	 8	 1
12	 2	 9	 6

Pp

Hörst du ein **P** am Anfang?

Ja ☺ oder nein ☹?

1

☺ 7 ☹ 9

2

☺ 1 ☹ 5

3

☺ 10 ☹ 3

4

☺ 11 ☹ 2

5

☺ 8 ☹ 4

6
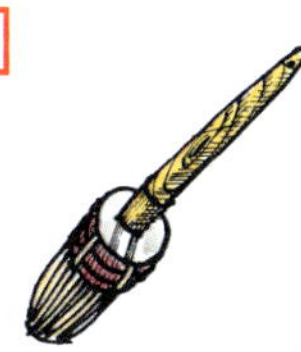
☺ 12 ☹ 3

7

☺ 8 ☹ 7

8

☺ 2 ☹ 11

9

☺ 12 ☹ 9

10

☺ 1 ☹ 6

11

☺ 10 ☹ 3

12

☺ 6 ☹ 4

Finde das P oder p!

1

A	C	P	K	N
4	10	2	9	1

2

Z	H	F	P	S
7	8	10	6	3

3

P	Q	L	E	V
3	4	9	8	5

4

M	P	T	X	J
10	1	7	12	6

5

G	U	Y	W	P
6	2	8	11	9

6

I	Z	P	E	M
12	3	5	1	4

7

z	p	e	f	h
9	7	6	2	8

8

o	r	w	k	p
1	5	11	3	12

9

s	l	p	u	m
2	11	4	7	10

10

p	x	t	n	i
8	12	3	5	11

11

v	j	c	p	y
5	6	1	10	7

12

p	s	k	x	n
11	9	12	4	2

Qq

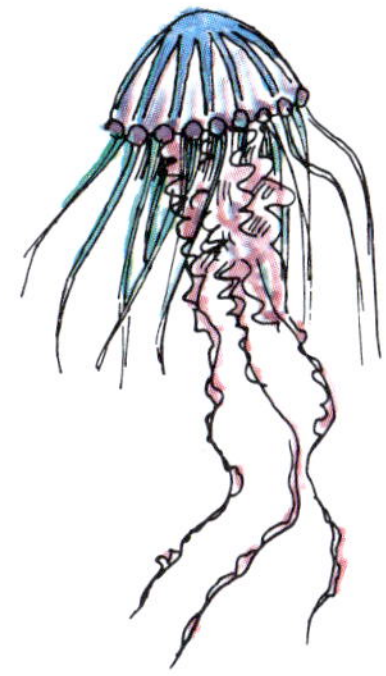

Wo steht das Q oder q ?

	Qu	7
1	Ku	6
	Nu	3

	Du	1
2	Qu	10
	Tu	8

	Wu	4
3	Lu	5
	Qu	12

	Qu	2
4	Hu	7
	Bu	9

	Fu	10
5	Su	3
	Qu	6

	Au	12
6	Qu	9
	Mu	11

	qu	8
7	eu	1
	ku	10

	ru	11
8	qu	4
	vu	7

	lu	9
9	ju	2
	qu	5

	wu	6
10	zu	12
	qu	1

	su	5
11	qu	11
	hu	4

	qu	3
12	xu	8
	tu	2

Rr

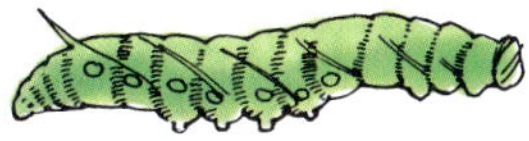

Fängt das Wort mit einem R an?

Ja ☺ oder nein ☹?

1

☺ 4 ☹ 12

2

☺ 3 ☹ 9

3

☺ 7 ☹ 6

4

☺ 5 ☹ 11

5

☺ 1 ☹ 8

6

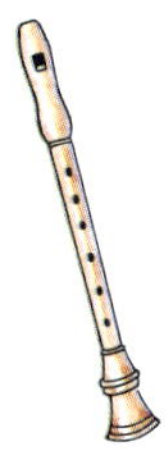

☺ 2 ☹ 4

7

☺ 5 ☹ 11

8

☺ 3 ☹ 9

9

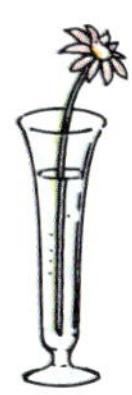

☺ 2 ☹ 8

10

☺ 6 ☹ 10

11

☺ 7 ☹ 2

12

☺ 10 ☹ 1

Wo steht das R oder r ganz oben?

1

A	R	K
F	H	R
R	J	N
2	7	4

2

R	W	L
Q	R	Y
Z	U	R
3	8	1

3

S	R	C
R	T	E
I	G	R
5	12	9

4

E	R	W
H	K	R
R	Z	N
7	2	10

5

O	F	R
R	C	D
J	R	S
9	3	6

6

R	M	D
V	X	R
L	R	O
4	5	7

7

e	x	r
r	s	v
h	r	z
11	1	8

8

o	r	f
g	c	r
r	q	b
6	9	3

9

d	v	r
t	r	h
r	y	e
12	10	5

10

r	d	z
o	w	r
g	r	s
1	4	2

11

a	c	r
r	v	b
f	r	x
8	12	11

12

r	w	h
y	t	r
u	r	f
10	11	6

Welches Wort beginnt mit R?

Wähle aus drei Möglichkeiten!

1	 1	 7	 6
2	 4	 10	 2
3	 11	 3	 12
4	 2	 4	 8
5	 7	 6	 5
6	 3	 1	 9
7	 8	 2	 3
8	 10	 9	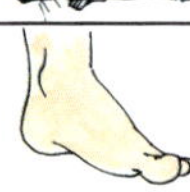 4
9	 5	 12	 11
10	 6	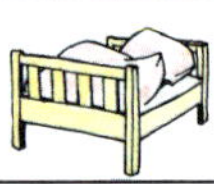 8	 1
11	 12	 5	 7
12	 9	 10	 3

Wie viele S oder s sind im Wort?

1 Flüsse	sss 1	ss 9
2 Sense	Ss 8	S 3
3 Rasen	ss 4	s 11
4 Senf	S 10	Ss 12
5 loslassen	sss 5	ss 2
6 Sessel	Ss 3	Sss 7

---

7 Säbel	Sss 1	S 4
8 müssen	ss 2	s 6
9 Sofakissen	Sss 12	Ss 1
10 Eiswasser	s 4	sss 3
11 *Kreisel*	s 6	ss 2
12 Susi	S 7	Ss 1

Ss

In welchem Wort hörst du ein S oder s?

1

3

7

2

10

1

3

6

11

4

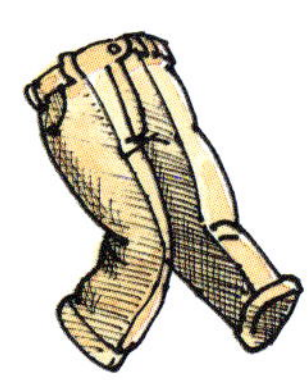

4

8

5

9

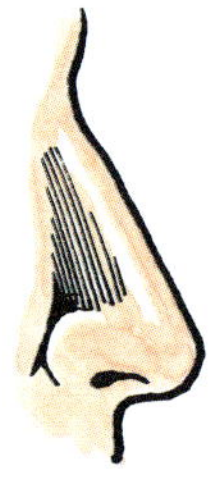

12

6

8

9

7

4

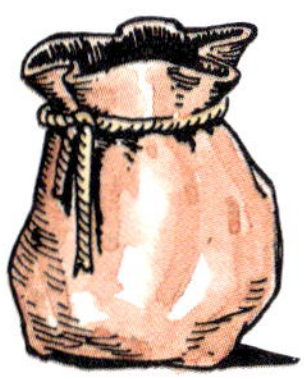

10

8

6

7

9

11

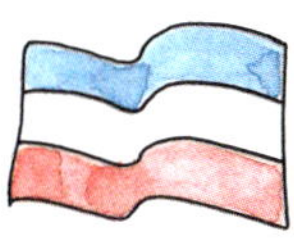

5

10

2

9

11

5

1

12

2

12

Suche das Sch am Anfang!

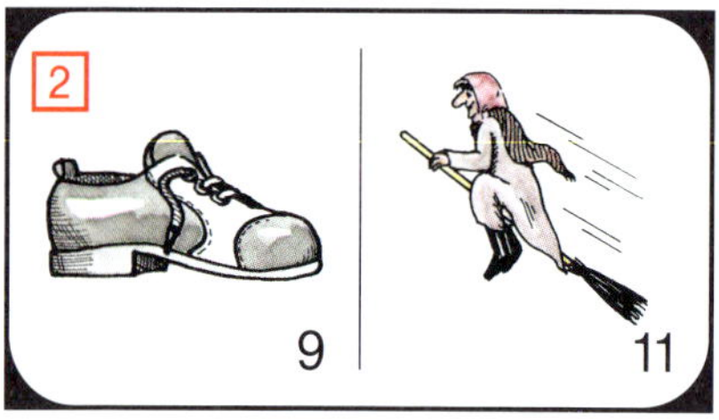

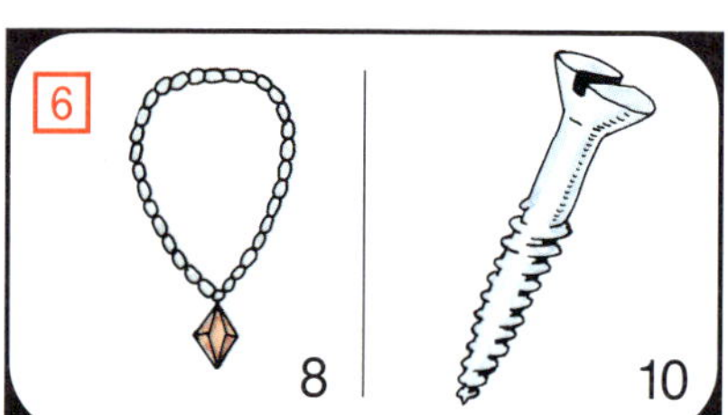

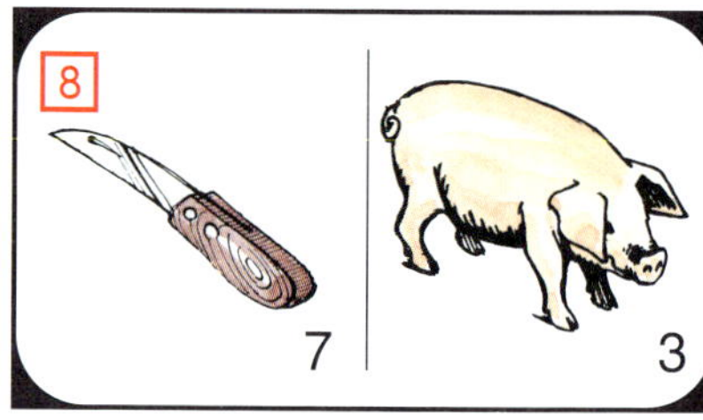

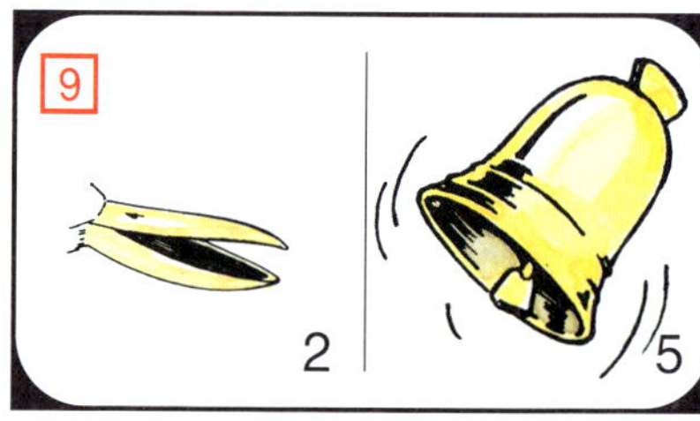

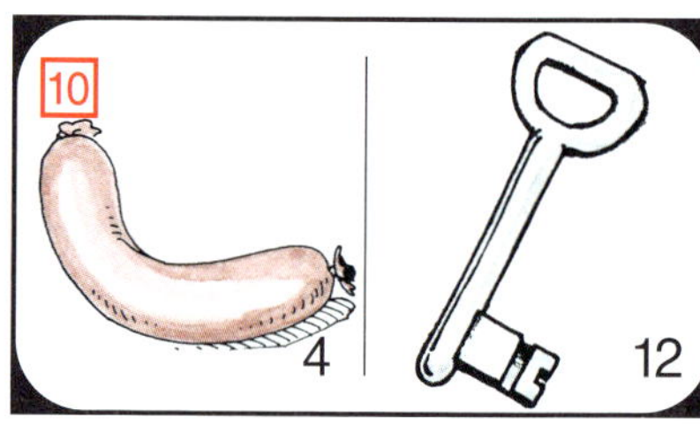

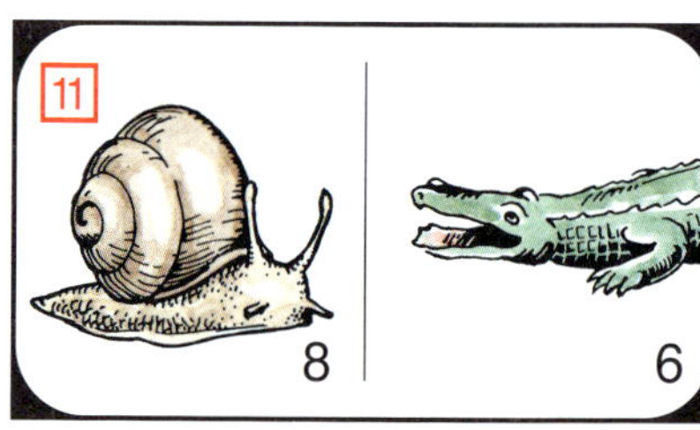

T t

Beginnt das Wort mit einem T ?

Ja ☺ oder nein ☹?

In welchem Wort ist ein T oder t?

1	**Turm**	11
	Esel	3
	Clown	8

2	**Haus**	1
	Fisch	11
	Teufel	7

3	**Affe**	5
	Teig	9
	Koch	2

4	**Zirkus**	6
	Arm	10
	Tisch	12

5	**Tafel**	3
	Baum	1
	Nudel	4

6	**Welle**	2
	Tor	8
	Ziege	9

7	**weinen**	12
	raten	6
	segnen	10

8	**rosa**	4
	heiser	2
	leiten	1

9	**weit**	10
	schreien	12
	meinen	11

10	**Dornen**	9
	Haus	7
	Winter	5

11	**Hörner**	8
	Leiter	4
	Käse	6

12	**Miete**	2
	Wiese	5
	Buch	3

Uu

Wo hörst du einen U-Laut?

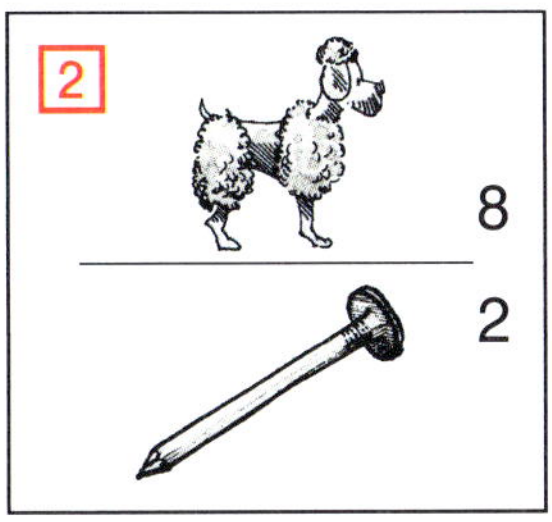

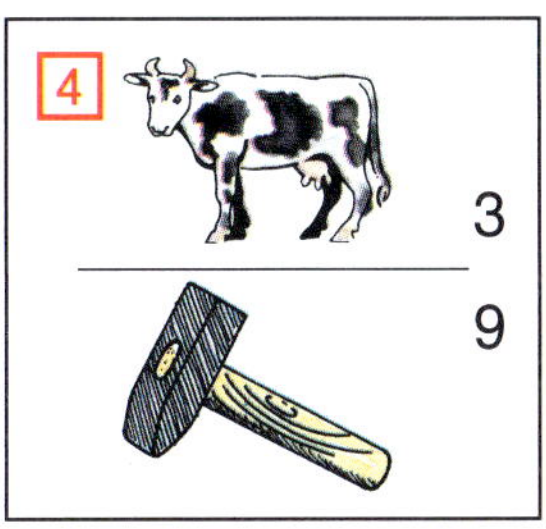

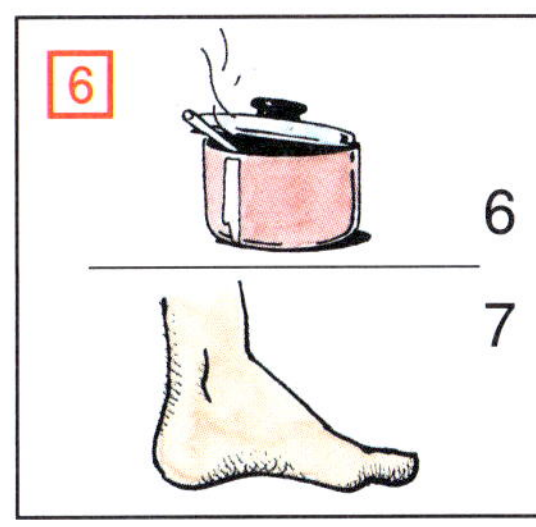

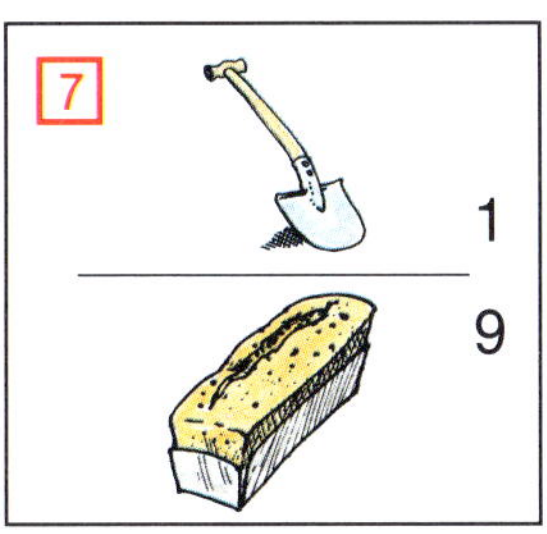

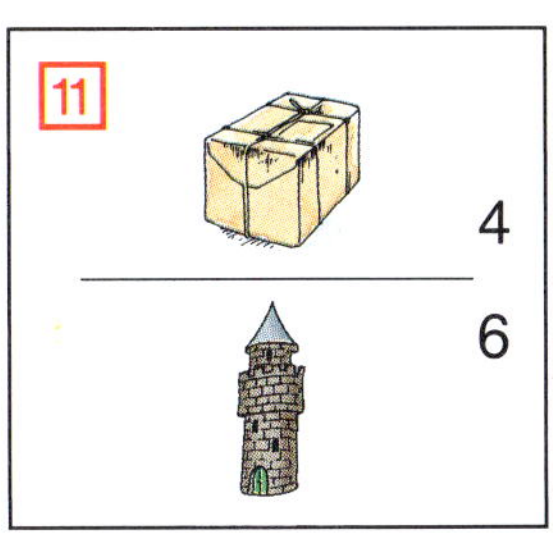

Wie spät ist es auf dem U?

Uhrzeit = Feldzahl

V v

Würfelspiel – Zähle die Punkte!

Suche dann die versteckten V-Buchstaben!

W w

Beginnt das Wort mit einem W?

Ja ☺ oder nein ☹?

1

☺ 9 ☹ 1

2

☺ 7 ☹ 5

3

☺ 2 ☹ 6

4

☺ 10 ☹ 11

5

☺ 4 ☹ 8

6

☺ 6 ☹ 3

7

☺ 12 ☹ 4

8

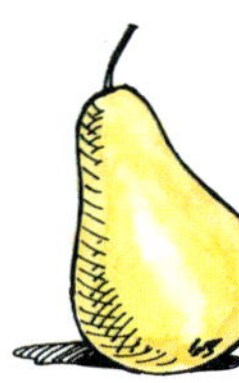

☺ 9 ☹ 11

9

☺ 1 ☹ 8

10

☺ 5 ☹ 3

11

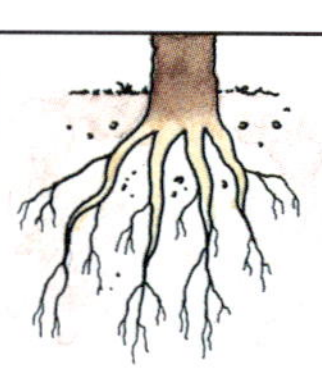

☺ 7 ☹ 2

12

☺ 10 ☹ 12

Welcher Wagen hat ein W oder w?

Fang von links hinter der Lokomotive zu zählen an!

1	F	C	B	Q	E	R	U	O	P	W	D	H
2	A	E	C	B	J	W	P	O	I	U	Z	T
3	W	E	R	T	Z	U	I	O	L	A	S	V
4	A	S	D	F	K	L	K	T	W	M	N	B
5	M	N	B	V	C	X	W	E	R	S	F	G
6	H	K	O	U	F	B	M	I	O	Z	W	P
7	t	r	w	p	o	l	m	n	b	g	t	e
8	e	r	t	z	u	i	o	p	q	s	c	w
9	m	j	i	o	k	l	p	w	f	z	t	r
10	a	x	y	w	z	u	o	p	e	r	s	d
11	b	w	d	f	g	b	n	m	l	o	p	u
12	z	i	p	e	w	r	a	y	d	t	u	o

Xx

Das zertrümmerte Xylophon

Setze es richtig zusammen!

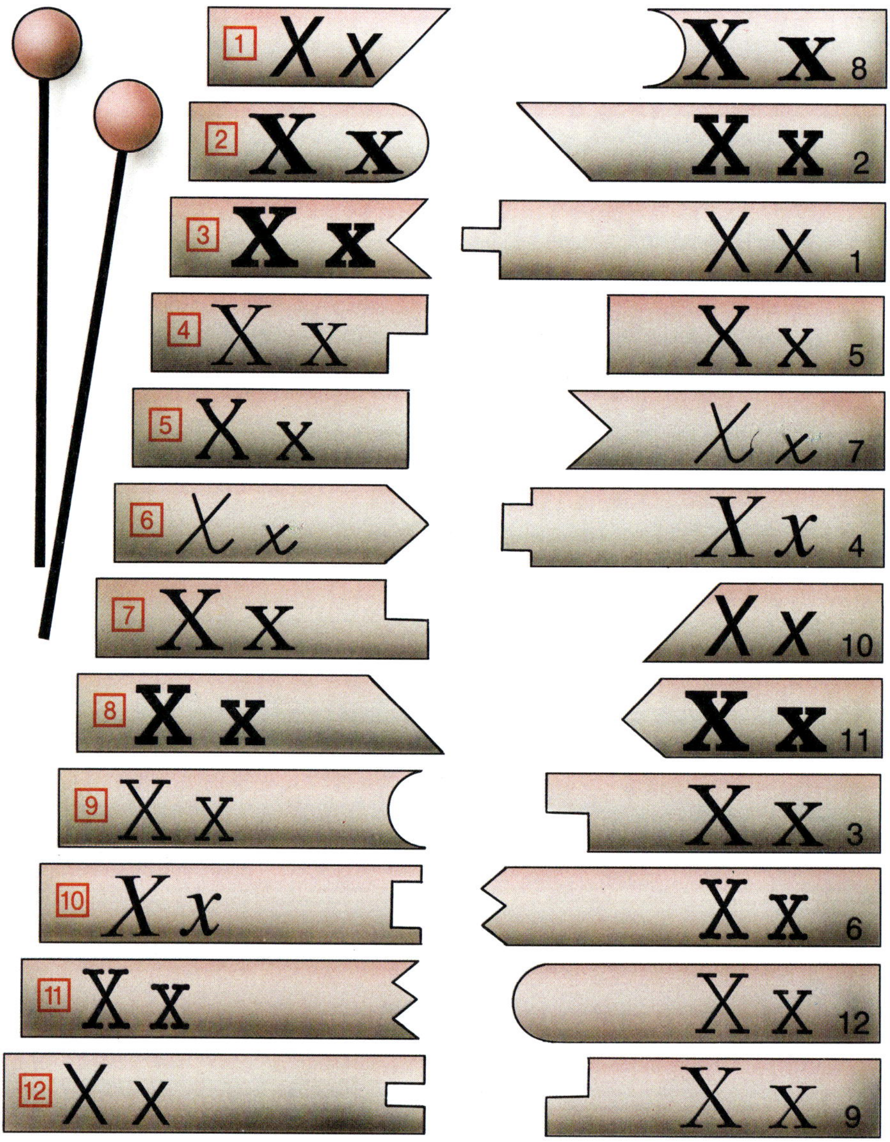

Y y

Wo klingelt Yvonne?

Suche das gleiche Türschild!

1	Yvonne	Gaby	7
2	Yin	Ylmas	10
3	Yang	Yeti	5
4	Gaby	Bayer	6
5	Ylmas	Yin	12
6	Yeti	Yves	3
7	Sibylle	Sibylle	1
8	Bayer	Meyer	11
9	Yves	Lydia	9
10	Yvette	Yvette	8
11	Lydia	Yang	4
12	Meyer	Yvonne	2

Zz

Fängt das Wort mit einem Z an?

Ja ☺ oder nein ☹?

1

☺ 3 ☹ 6

2

☺ 2 ☹ 11

3

☺ 1 ☹ 9

4

☺ 5 ☹ 10

5

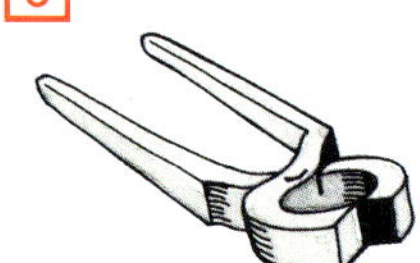

☺ 3 ☹ 4

6

☺ 8 ☹ 1

7

☺ 11 ☹ 7

8

☺ 12 ☹ 8

9

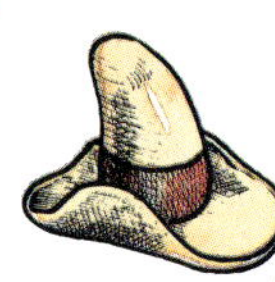

☺ 2 ☹ 10

10

☺ 12 ☹ 9

11

☺ 4 ☹ 6

12

☺ 5 ☹ 7

Zauberkreise mit Z und z

Wo ist der Zwilling?

1	Z Z / z Z	C Z / z C	6	Z Z / z Z	5	X Z / z X	4
2	z Z / z z	z Z / z z	3	s Z / y v	8	x L / z z	1
3	z Z / z Z	c y / r Z	7	x Z / z C	10	z Z / z Z	2
4	Z z / Z Z	Y z / K Z	9	Z z / Z Z	6	Z s / E Z	11
5	z z / Z z	z v / E z	5	x z / Z y	7	z z / Z z	8
6	Z z / Z z	Z z / Z z	4	C z / Z r	1	X z / L z	9
7	Z Z / Z z	E E / Z z	11	Y Z / K z	2	Z Z / Z z	12
8	z z / Z Z	s r / Z L	12	z z / Z Z	9	z c / Z x	10
9	z z / z Z	z z / z Z	1	r x / y Z	7	z c / z K	6
10	z Z / Z Z	z E / X Z	8	z Z / Z Z	11	c Z / Z L	5
11	Z Z / z z	Y Z / z c	2	Z Z / x r	4	Z Z / z z	7
12	Z z / z z	Z z / z z	10	Z r / c x	12	E z / z z	3

Kennst du jetzt alle Buchstaben ?

Aa	
Bb	
Cc	
Dd	
Ee	
Ff	
Gg	
Hh	
Ii	
Jj	
Kk	
Ll	
Mm	

Nn	
Oo	
Pp	
Qq	
Rr	
Ss	
Tt	
Uu	
Vv	
Ww	
Xx	
Yy	
Zz